新 HSK（五级）高分实战试卷 1

刘　云　主编

北京大学出版社
PEKING UNIVERSITY PRESS

图书在版编目(CIP)数据

新 HSK(五级)高分实战试卷 1 / 刘云主编. —北京:北京大学出版社,2011.10
(北大版新 HSK 应试辅导丛书)
ISBN 978-7-301-19538-3

Ⅰ.新… Ⅱ.刘… Ⅲ.汉语—对外汉语教学—水平考试—习题集 Ⅳ.H195-44

中国版本图书馆 CIP 数据核字(2011)第 191955 号

书　　　名:新 HSK(五级)高分实战试卷 1
著作责任者:刘　云　主编
责 任 编 辑:欧慧英
标 准 书 号:ISBN 978-7-301-19538-3/H·2943
出 版 发 行:北京大学出版社
地　　　址:北京市海淀区成府路 205 号　100871
网　　　址:http://www.pup.cn
电 子 邮 箱:zpup@pup.pku.edu.cn
电　　　话:邮购部 62752015　发行部 62750672　编辑部 62752028
出版部 62754962
印　刷　者:三河市富华印装厂
经　销　者:新华书店
787 毫米×1092 毫米　16 开本　3.25 印张　65 千字
2011 年 10 月第 1 版　2011 年 10 月第 1 次印刷
定　　　价:12.00 元

目　录

新 HSK（五级）

注　　意

一、HSK（五级）分三部分：

1. 听力（45 题，约 30 分钟）
2. 阅读（45 题，40 分钟）
3. 书写（10 题，40 分钟）

二、答案先写在试卷上，最后 10 分钟再写在答题卡上。

三、全部考试约 125 分钟（含考生填写个人信息时间 5 分钟）。

中国　北京　　××××/××××××　编制

一、听 力

（听力内容请登录 http://www.pup.cn/dl/newsmore.cfm?sSnom=d203 下载）

第一部分

第 1—20 题：请选出正确答案。

1. A 不想去酒吧　B 已经有约了
   C 要去过生日　D 想要新衣服

2. A 邻居　B 同事
   C 夫妻　D 朋友

3. A 参加了面试　B 现在很激动
   C 是销售经理　D 有份好工作

4. A 男的非常胖　B 女的是医生
   C 女的现在不饿　D 男的的牙不好

5. A 公司离得太远　B 不想见到王刚
   C 没时间去吃饭　D 想自己打车去

6. A 父子　B 朋友
   C 同事　D 祖孙

7. A 医院　B 学校
   C 海关　D 公司

8. A 身体不舒服　B 正打算减肥
   C 没有来得及　D 要去送报表

9. A 春天　B 夏天
   C 秋天　D 冬天

10. A 星期四　B 星期五
    C 星期三　D 星期二

11. A 被老师批评了　B 很讨厌写作文
    C 不喜欢看电影　D 觉得电影不好看

12. A 不想吃饭了　　B 身体不舒服
C 马上参加考试　　D 自己工作太忙

13. A 他们不是同事　　B 他们在打电话
C 女的正在上网　　D 男的在整理材料

14. A 自己开车　　B 坐出租车
C 骑自行车　　D 乘公共汽车

15. A 谦虚　　B 难过
C 激动　　D 遗憾

16. A 朋友　　B 同事
C 亲戚　　D 邻居

17. A 男的正在报社　　B 女的写了文章
C 王姐写了文章　　D 工人在他们家里

18. A 开会　　B 演出
C 录节目　　D 买东西

19. A 生气　　B 着急
C 兴奋　　D 伤心

20. A 四天　　B 六天
C 七天　　D 十天

第二部分

第21—45题：请选出正确答案。

21. A 家具店　　B 服装店
    C 窗帘店　　D 电影院

22. A 王刚正在上班　　B 女的不认识王刚
    C 男的没见到王刚　　D 男的已经下班了

23. A 自己现在很忙　　B 要去照顾女儿
    C 让男的做报表　　D 中午去看李红

24. A 亲戚　　B 同事
    C 邻居　　D 朋友

25. A 学生　　B 家长
    C 老师　　D 校长

26. A 拿礼物　　B 锁抽屉
    C 看妈妈　　D 买项链

27. A 女的很喜欢点点　　B 点点是一条小狗
    C 女的非常不高兴　　D 男的帮同事照顾宠物

28. A 买衣服　　B 付租金
    C 看电影　　D 交学费

29. A 现在正在节食　　B 很想去买衣服
    C 和男的是夫妻　　D 觉得自己去年胖

30. A 他们是同学　　B 女的中午参加聚会
    C 男的现在在单位里　　D 男的约女的晚上见面

31. A 和男的是邻居　　B 在和女的生气
    C 不太喜欢说话　　D 长得非常漂亮

32. A 向张丽道歉　　B 找李强帮忙
    C 不要乱说话　　D 认真了解朋友

33. A 星期三　　B 星期四
C 星期五　　D 星期六

34. A 李丽是空姐　　B 女的要去北京旅游
C 女的和男的是同事　　D 男的现在有些生气

35. A 没有适合自己的职位　　B 自己所学的专业不好
C 感觉别人比自己优秀　　D 大家对自己的印象很差

36. A 身体很健康　　B 良好的习惯
C 不错的技术　　D 态度比较谦虚

37. A 遗憾　　B 抱歉
C 失望　　D 激动

38. A 改变杯子的构造　　B 降低商品的价格
C 实行“买一送一”　　D 买杯子会有赠品

39. A 办理贷款　　B 存了很多钱
C 租了保险柜　　D 咨询点事情

40. A 不知道她借钱干什么　　B 怀疑她票据的真实性
C 很好奇她是做什么的　　D 奇怪她为什么不多借些钱

41. A 非常需要这一块钱　　B 工作人员的态度很好
C 想把票据保存在银行　　D 去银行办贷款很方便

42. A 十分意外　　B 非常生气
C 有些高兴　　D 感到遗憾

43. A 饭馆　　B 银行
C 大街上　　D 警察局

44. A 钱　　B 警察
C 许多人　　D 工作人员

45. A 很有钱　　B 被抓了
C 眼睛看不见　　D 家里开银行

二、阅 读

第一部分

第 46—60 题：请选出正确答案。

46—49.

有一部分人，因为眼睛区别颜色的功能出现__46__，感受到的色彩是模糊残缺的，__47__是一片灰色，医学上把这种__48__称为“色盲”。颜色千变万化，但都离不开红、绿、蓝这三种基本色光。人眼睛里有一种特殊的细胞，对这三色光有特殊的感觉能力。由于其他各种颜色都是由这三色光按不同__49__混合而成的，所以眼睛能区别出各种各样的颜色。

46. A 错误　B 意外　C 情况　D 问题

47. A 或者　B 甚至　C 并不　D 也许

48. A 反应　B 错误　C 可能　D 现象

49. A 成分　B 关系　C 程度　D 比例

50—53.

有个打鱼的人，他每天只打一尾鱼，那尾鱼刚好可以换他一天的食物、水和烟。然后他就躺在__50__上晒太阳，望着蓝天白云抽烟，悠闲自在。有一天一个商人对他说：“老兄，我觉得你应该打__51__多的鱼，然后把它们卖掉换钱，等钱足够多了就买一只船，再开着船到处__52__。”“然后呢？”那人问商人。“然后就能赚很多很多的钱，买一所大房子，就可以每天到海边晒太阳，听海。”“可是我现在不正在晒太阳，听海吗？”那人回答说，“更重要的是等我做够了那些事，赚到了足够的钱，也许我已经没有__53__来晒太阳听海了。”

50. A 沙滩　B 船　C 房子　D 床

51. A 很　B 更　C 最　D 好

52. A 旅游　B 晒太阳　C 观海　D 做买卖

53. A 兴趣　B 时光　C 时间　D 心情

54—56.

警察拦下了一辆汽车，对司机说："这条路限速50，您＿54＿了，您的车速是60。"司机说："不是60，是50。"坐在旁边的妻子说："我都看到了，是80。"司机不满地看了妻子一眼。警察又说："您还没系安全带，驾照将停用一个月。"司机说："我系了，您过来的时候，我刚刚解开。"妻子说："你什么时候系过安全带？"司机骂道："＿55＿上你的臭嘴！"警察问司机的妻子："您丈夫平常总是用这种＿56＿对您讲话吗？"妻子回答："不是，他喝醉了才这样。"

54. A 减速　B 加速　C 超速　D 快速

55. A 闭　B 合　C 关　D 锁

56. A 心情　B 口气　C 表情　D 脾气

57—60.

齐国的相国邹忌和城北的徐公都很帅。有一天邹忌问他的妻子说："我和城北徐公比较起来，谁长得更＿57＿？"妻子说："徐公怎么比得上您呢？"第二天，邹忌家中来了一位客人，邹忌又问了客人，客人说："当然是您啊。"过了几天，徐公到邹忌家来＿58＿，邹忌发现自己实在不如徐公。

于是，他对齐王说："我的相貌本来不如徐公，但妻子和客人都说他不如我，这是因为妻子爱我，客人有事求我，所以他们都说我的好话，不说真话。而我们齐国地方这么大，宫中上下，谁不偏爱您；文武官员，谁不怕您，全国百姓谁不希望得到您的＿59＿，看来好听的话您一定听得更多。大王如能公开征求意见，一定对国家有益。"于是齐王下令，提建议有奖赏。命令一下，＿60＿，皇宫门口每天像市场一样热闹。

57. A 漂亮　B 英俊　C 亲切　D 完美

58. A 看望　B 参观　C 拜访　D 问候

59. A 奖赏　B 支持　C 责任　D 权力

60. A 大家都去发言　B 大家都去提意见
C 齐王要见很多人　D 官员还是不敢说话

第二部分

第61—70题：请选出与试题内容一致的一项。

61. 年糕是中国春节的传统小吃。过去北京的年糕一般由清真回民小吃店供应，除年节大量供应外，平时的数量和品种都比春节时少。据说早在辽代，农历正月初一，就有家家必吃年糕的习俗，因为年糕谐音"年年高"。由于年糕是用黄米或江米面加各种材料制成的，有黄、白两色，象征金银，也表示财富。

A 年糕的品种很多
B 只有少数民族吃年糕
C 年糕只在春节的时候吃
D 春节吃年糕是因为有特别的意义

62. 所谓口水歌，就是在一段时间里，男女老少都会唱几句的那种流行歌，它不一定写得很好，但却很上口，容易被传唱。音乐似曾相识，听几次就能跟着唱。口水歌还有另一种意思，就是发烧CD里，能听到歌手唱歌时的口水声。

A 口水歌都很好听
B 口水歌能流行很长时间
C 口水歌在某段时间很受欢迎
D 口水歌这个说法跟"口水"无关

63. 超级地球也称超级类地行星，是指那些环境可能和地球类似，但质量要大好几倍的行星。科学家普遍怀疑这类行星上可能存在水和生命，因此具有重大研究价值。2009年12月，科学家发现一颗距离地球仅40光年的超级地球，它是至今发现距离地球最近的系外"超级地球"。

A 超级地球是一种行星
B 科学家仅发现了一颗超级地球
C 科学家发现超级地球上有水和生命
D 超级地球的环境和质量都和地球类似

64. “南丁格尔日”最初称“医院日”，在中国则称为“国际护士节”，该节是为纪念现代护理学科的创始人——弗洛伦斯·南丁格尔而设立的。1912 年，国际护士理事会将南丁格尔的出生日——5 月 12 日定为“国际护士节”，目的在于激励广大护士继承和发扬护理事业的光荣传统，以“爱心、耐心、细心、责任心”对待每一位病人，做好护理工作。

A 南丁格尔是 1912 年出生的
B 国际护士节是南丁格尔设立的
C 现代护理学是南丁格尔创立的
D 南丁格尔日和国际护士节都是护士的节日

65. 凤凰古城位于湖南省湘西自治州西南部，总面积 1700 多平方公里，人口 37 万，是一个以苗族、土家族为主的少数民族聚集县。凤凰古城西南，有座山很像展翅而飞的凤凰，古城因此而得名。2001 年 12 月 17 日，凤凰古城被国务院列为中国历史文化名城。古城风景秀丽、历史悠久，名胜古迹甚多，被称赞为中国最美丽的小城。

A 凤凰古城的形状像凤凰
B 凤凰古城是中国最美的小城
C 凤凰古城有 37 万少数民族人口
D 凤凰古城的居民主要是少数民族

66. 步摇是中国汉民族的传统首饰，质地为金银玉石，一般样式为蝴蝶等昆虫。女人佩戴着走路的时候，首饰会随脚步而摆动，因此取名“步摇”。步摇在西汉时出现，东汉时传入朝鲜半岛及日本，并对当地的文化产生了深远的影响。

A 日本、朝鲜也有步摇
B 现在没有人戴步摇了
C 步摇是中国人发明的
D 步摇的名字是从样式来的

67. 舞龙起源于中国的传统舞蹈。舞龙和舞狮，古时是一年中重大节日里的节目之一，在节庆、贺喜、祝福时都有舞“龙”的习俗。随着华人移民到世界各地，现在的舞龙文化，已经在东南亚、欧美、大洋洲等地的华人社区中流行开来，成为中华文化的一个标志。

A 非洲也有舞龙文化
B 舞龙是大型节日的节目
C 舞龙、舞狮都起源于舞蹈
D 舞龙文化集中在华人社区

68. 武汉长江大桥，位于湖北省武汉市，是中国在长江上修建的第一座铁路、公路两用桥，被称为“万里长江第一桥”。武汉长江大桥于1955年9月1日开工建设，1957年10月15日建成通车。2011年6月6日，一艘万吨级油轮撞上了这座大桥，这是近十余年来长江大桥发生的最严重的一起撞击事件。

A 武汉长江大桥被撞过很多次
B 2011年维修了武汉长江大桥
C 中国长江上只有武汉长江大桥
D 武汉长江大桥1957年9月开始通车

69. 农历九月九是中国传统的重阳节，也称“老人节”。重阳节早在战国时期就已经形成，到了唐代，重阳被正式定为民间的节日，沿袭至今。重阳又称“踏秋”，与农历三月三“踏春”一样都是全家出游的节日。重阳这天一般亲朋好友会相约一起登高“避灾”，赏菊花。

A 9月9日是重阳节
B 3月3日是踏春节
C 重阳节是唐代出现的
D 重阳节和三月三都应该出游

70. 一位老先生在散步，看见一个小孩儿想按一家的门铃，但门铃太高，怎么也按不到。心地善良的老人停下来对孩子说：“我来帮你按吧。”于是他帮孩子按响门铃，门内响起了铃声。小孩儿这时却对老先生说：“现在咱们快逃！”老先生：“……”

A 老先生认识那个孩子
B 孩子按门铃是想回家
C 老先生想帮孩子的忙
D 那个房子是老先生的家

第三部分

第71—90题：请选出正确答案。

71—74.

"花儿"又叫做"少年"，是流行于青海、甘肃、宁夏等西北地区的一种民间歌曲。这种歌多表达爱情，具有声音嘹亮、节奏明快、激越动听、情感真切、富有乡土气息等特色，早在几百年前就享有盛名。

"花儿"流行范围广泛，乐调繁多，流派众多，仅宁夏花儿的乐调就有三十多种。以宁夏为例，有河州花儿和莲花山花儿之分，两支派按地区又分为北乡花儿、南乡花儿、东乡花儿、保安花儿、撒拉花儿等。

"花儿"的乐调叫"令"，一般因歌唱时所加衬语的不同而有所区别。常见的令有"白牡丹令"、"河州大令"、"莲花令"、"保安令"、"撒拉令"、"大眼睛令"等百余种。至于唱词则无法计算，大家传唱的基本定型的约有数千首，触景生情、即兴创作的更是不计其数。花儿又分叙事"本子花儿"和抒情"草花儿"两大类，又有叙述整部故事或完整内容的"整花儿"和触景生情即兴创作的"散花儿"之分。

每年农历六七月间，西北很多地区都要举行盛大的花儿会，吸引各地的"花儿"爱好者前往。在宁夏，规模较大的花儿会就有近十处。

71. 关于"花儿"，下面说法正确的是：

A 有很长的历史　　B 多由少年演唱

C 在南方广为流传　　D 是歌唱花朵的歌曲

72. "花儿"的乐调：

A 共有三十多种　　B 以宁夏为代表

C 与不同的唱词有关　　D 根据地区不同而有区别

73. "花儿"的唱词：

A 有一百多种　　B 比较自由

C 分三大类　　D 没有任何规范

74. 下面有关花儿会的说法，正确的是：

A 每年举行两次　　B 大约有十几处

C 规模往往较大　　D 主要在宁夏举行

75—78.

有人问哲学家:“你每天都在思考,但你的思想看不见、摸不着,你能让我们感受到你思想的重量吗?”

于是,哲学家做了一个实验:他让自己平躺在一个大天平上,让人不可思议的是,当哲学家思考时,天平竟向他的脑部那端倾斜。

哲学家说:“当一个人思考时,智慧、快乐、成功以及真理都会向着他走来。”

那人觉得无法解释这种现象,便去请教一位科学家。

科学家是这样向他解释的:当一个人在思考问题时,脑子需要更多的血液供应,从而增加了脑部的重量,天平自然也就向大脑那端倾斜。

思想有重量吗?那人在哲学家与科学家的解释间反复地权衡、比较后,终于找到了答案:无疑,科学家的解释是正确的,是有科学依据的,但哲学家的解释又何尝不是一种让人振奋的答案呢?

75. 哲学家做实验的目的是:

A 证明自己的聪明　　B 说明思想有重量
C 知道大脑的重量　　D 说服别人去思考问题

76. 在实验中,当哲学家思考的时候:

A 他感到很快乐　　B 没有任何变化
C 他的脑部倾斜了　　D 天平失去了平衡

77. 科学家认为:

A 思考没有重量　　B 思考能增加体重
C 思考会促进血液流动　　D 脑部重量增大有助于思考

78. 和科学家的解释相比,哲学家的答案:

A 更加科学　　B 更加客观
C 更有意义　　D 更鼓舞人

79—82.

一位教育家跟随一个教育考察团到一个乡村访问，在那个美丽的地方，人与人之间的相互尊重给他留下了深刻的印象。

一天，他们找不到要去的地方，正着急的时候，一个当地的男孩儿主动上前询问他们是否需要帮助。了解情况后，男孩儿非常热情地为他们指路。那地方果然不好找，反复听了几遍，他们方才明白。他们正要按照男孩儿的指点出发，却发现刚才一直站在旁边的一位老人走过来，叫住了他们，老人告诉了他们正确的路线。大家感到很奇怪。这位老人微笑着解释说："我听到孩子告诉你们的路线错了，但为了尊重他的好意，我现在等他走了再告诉你们正确的路线。"

尊重别人的好意吧，哪怕他有无心之过，我们也该心怀感激。

79. 给这位教育家印象最深的是：

A 乡村美丽的风景　　B 人们的热情好客

C 当地人们的关系　　D 人们对他的尊重

80. 这个男孩儿：

A 给他们带路　　B 礼貌又耐心

C 很替他们着急　　D 听不懂他们的话

81. 老人走过来是想：

A 为他们带路　　B 阻止他们出发

C 知道正确的路线　　D 纠正男孩儿的错误

82. 从老人的解释可以知道：

A 他很为别人着想　　B 他原本不知道路线

C 他和男孩儿是一家人　　D 他批评了男孩儿的做法

83—86.

李成非常喜欢运动。有一次，一个朋友送给他两只狗。他迫不及待地带着那两只狗去野外捕捉野兔。他想："好狗都是会追野兔的。"来到一片荒地上，李成看到不远处有一些野兔跑过，他立马就把狗放开，想看看两只狗有什么样的表现。让他意外的是，这两只狗躺在地上，很快就呼呼大睡了。李成简直不敢相信自己的眼睛，不过他又想："也许它们刚刚经过了长途跋涉，累坏了吧。明天再试试看。"

第二天，李成把狗带到一块有鹿群出没的荒地上，鹿群当中有一只漂亮的公鹿。他又放出了那两只狗，李成激动地期待着，而两只狗却丝毫不为所动，它们打着呵欠，躺了下来，很快又睡着了。李成暴跳如雷。

几天后，李成的朋友来看他。朋友问："我送给你的那两只狗还行吧？"李成就向他说了两次打猎的经过。朋友摇着头说："你让它们俩看野兔和鹿，它们能不睡觉吗？如果你让它们看狮子和老虎，就会发现它们有多么勇猛了。"

83. 根据短文，李成认为：

A 猎狗喜欢吃兔子　　B 猎狗会帮他捉兔子

C 猎狗就是用来追兔子的　　D 猎狗喜欢在荒地上运动

84. 猎狗看到野兔之后：

A 马上去追赶　　B 感到很意外

C 很想表现一下　　D 没有任何兴趣

85. 对于第二天猎狗的表现，李成：

A 很生气　　B 很吃惊

C 不在乎　　D 很失望

86. 朋友认为：

A 猎狗不擅长追赶野兔　　B 猎狗需要充分的休息

C 李成没有打猎的经验　　D 李成没有正确利用猎狗

87—90.

三个人外出旅行，同时住进一家旅店。早上出门时，第一个人带了一把伞，第二个人拿了一根拐杖，第三个人什么也没有拿。

晚上归来，拿伞的人淋得浑身是水；拿拐杖的人跌得浑身是伤；而第三个人却安然无恙。于是，前面两个人很纳闷，问第三个人：“你怎么会没有事呢？”

第三个人没有直接回答，而是问拿伞的人：“你为什么会淋湿而没有摔伤呢？”

拿伞的人说：“当大雨来到的时候我因为有伞，就大胆地在雨中走，却不知怎么淋湿了；当我走在泥泞的路上时，我因为没有拐杖，所以走得非常小心，专拣平坦的地方走，所以没有摔伤。”

接着，第三个人又问拿拐杖的人：“你为什么没有淋湿而摔伤了呢？”

拿拐杖的人说：“当大雨来临时，我因为没有带雨伞，便拣能躲雨的地方走，所以没有淋湿；当我走在泥泞坎坷的路上时，我拄着拐杖走，却不知为什么常常摔跤。”

第三个人听后笑笑说：“大雨来时我躲着走，路不好走时我小心地走，所以我既没有淋湿也没有跌伤。你们的失误就在于你们有凭借的优势，有了优势便少了一份小心。”

许多时候，我们不是跌倒在自己的不足上，而是跌倒在自己的优势上。因为不足常常给我们以提醒，而优势却常常使我们忘乎所以。

87. 文中第二段画波浪线词语“安然无恙”的意思是：

A 摔伤了　　B 被雨淋湿

C 平安无事　　D 生了大病

88. 根据短文，第一个人：

A 没有被淋湿　　B 路上没有跌倒

C 拄着拐杖走路　　D 得到了别人的帮助

89. 关于第三个人，下面说法正确的是：

A 善于寻找优势　　B 喜欢挑战生活

C 非常认真小心　　D 毫不担心劣势

90. 本文主要告诉我们：

A 工具的重要性　　B 失败是成功之母

C 不要被优势迷惑了头脑　　D 生活离不开别人的提醒

三、书　写

第一部分

第91—98题：完成句子。

例如：发表　这篇论文　什么时候　是　的

<u>这篇论文是什么时候发表的？</u>

91. 信用卡　有　抽屉里　好几张

92. 学习　专心地　她　正在　汉语

93. 将会　成绩　一周内　在　公布

94. 重复　请　再　你刚才说的话　把　一遍

95. 绿色食品　很　近年来　人们的欢迎　受

96. 这道菜　确实　你推荐的　不错

97. 办理　通知　相关手续　去　保险公司　我

98. 行动不便者　准备　的　这些座位　是　专门　为

第二部分

第99—100题：写短文。

99. 请结合下列词语（要全部使用），写一篇80字左右的短文。

灰心　　辅导　　鼓励　　疑问　　实在

100. 请结合这张图片写一篇80字左右的短文。

答　案

一、听　力

第一部分

1. B	2. C	3. A	4. D	5. C
6. A	7. B	8. C	9. A	10. B
11. B	12. D	13. B	14. D	15. A
16. C	17. B	18. D	19. B	20. C

第二部分

21. C	22. C	23. A	24. C	25. C
26. A	27. A	28. B	29. A	30. A
31. B	32. A	33. C	34. A	35. C
36. B	37. C	38. A	39. A	40. D
41. C	42. A	43. B	44. A	45. B

二、阅　读

第一部分

46. D	47. B	48. D	49. D	50. A
51. B	52. D	53. C	54. C	55. A
56. B	57. B	58. C	59. A	60. B

第二部分

61. D	62. C	63. A	64. C	65. D
66. A	67. D	68. A	69. D	70. C

第三部分

71. A	72. C	73. B	74. C	75. B
76. D	77. C	78. D	79. C	80. B
81. D	82. A	83. B	84. D	85. A
86. D	87. C	88. B	89. C	90. C

三、书　写

第一部分

91. 抽屉里有好几张信用卡。
92. 她正在专心地学习汉语。
93. 成绩将会在一周内公布。
94. 请把你刚才说的话再重复一遍。
95. 近年来绿色食品很受人们的欢迎。
96. 你推荐的这道菜确实不错。
97. 保险公司通知我去办理相关手续。
98. 这些座位是专门为行动不便者准备的。

第二部分

（参考答案）

99. 我来中国已经快一年了，可是我的汉语水平实在是太差了，我非常灰心。后来，我找了一个语伴，她每个星期辅导我两次，她还经常鼓励我开口说汉语。有什么疑问，我都会去找她。

100. 最近我搬家了，我办公室的男同事都来帮我的忙。我的一个朋友还送了我一盆绿色的植物。据说这种植物可以吸收污染物质，净化空气。我决定等收拾好之后，请他们来家里吃饭。

听力材料及听力部分题解

（音乐，30 秒，渐弱）

大家好！欢迎参加 HSK（五级）考试。
大家好！欢迎参加 HSK（五级）考试。
大家好！欢迎参加 HSK（五级）考试。

HSK（五级）听力考试分两部分，共 45 题。
请大家注意，听力考试现在开始。

第一部分

第 1 到 20 题：请选出正确答案。现在开始第 1 题：

1.

男：前天小王生日，我们去了一个新开的酒吧，环境挺好的，下班后我带你去看看。
女：是不是新城路的那家？我听张红说过，感觉还可以，不过我已经答应张红今天陪她去买几件衣服，明天再和你一起去吧。
问：女的主要是什么意思？

A 不想去酒吧　　**B 已经有约了**
C 要去过生日　　D 想要新衣服

【题解】从选项看，这是一道判断题，需要考生判断每个选项的正误。这道题的关键是听懂女的想表达的意思。根据选项的内容可以知道，这道题应该和想要做什么有关，考生在听时，要对说话人要做什么加以注意。

在听力材料中，男的想邀请女的去新开的酒吧，女的说“已经答应张红今天陪她去买几件衣服”，这说明女的已经和张红有约了，所以不能陪男的去酒吧。正确答案是 B。

2.

男：女儿好像恋爱了！我今天下班的时候，看到她和一个个子高高的年轻人一起走在路上，有说有笑的，看样子关系很好。
女：你啊，真是的，和别人说说话就是谈恋爱了？再说，下个月她就 24 了，也该找个男朋友了。
问：他们最可能是什么关系？

A 邻居　B 同事　**C 夫妻**　D 朋友

【题解】从选项看，这是一道关系题。这一类型的题目，考生需要注意两点：一是男女双方的称呼，可以直接反映两人的关系；二是男女双方谈话的内容，根据内容判断两人的关系。

从听力材料看，男的说"女儿好像谈恋爱了"说明男的和女的有一个共同的女儿，因此他们应该是夫妻关系，C是正确答案。

3.

女：今天对方问我对他们公司有什么看法，我没有回答好，可能会失去竞争销售经理的资格。
男：不要想太多了，你再担心也不能改变什么。要不，我明天再陪你去别的公司看看，你这么优秀，找个好工作不成问题的。
问：关于女的，可以知道什么？

A 参加了面试　　B 现在很激动
C 是销售经理　　D 有份好工作

【题解】从选项看，这是一道判断题，而且对话的内容应该和工作或者找工作有关。

从听力材料看，女的说自己没有回答好今天对方问的问题，害怕自己失去竞争销售经理的资格，这说明她想竞争一家公司的销售经理，也就是说她应该是参加了一家公司的面试。再根据男的的话"我明天再陪你去别的公司看看，你这么优秀，找个好工作不成问题的"说明女的正在找工作，这一点验证了我们上面的结论，即女的参加了一家公司的面试。正确答案是A。

4.

男：妈妈，给我买块巧克力蛋糕好不好？我饿了。
女：你还要吃巧克力？上次医生说的话你忘了吗？你不能再吃这种甜食了，不然牙又该疼了。
问：根据对话，可以知道什么？

A 男的非常胖　　B 女的是医生
C 女的现在不饿　　**D 男的的牙不好**

【题解】从选项看，这是一道判断题。BD两项和生病有关，AC两项和吃饭有关，考生在听时，要注意说话人在谈论什么话题。

从听力材料看，男的饿了，想吃巧克力蛋糕，但是女的说"上次医生说的话你忘了吗？你不能再吃这种甜食了，不然牙又该疼了"，这说明男的牙不好，不能吃甜食。正确答案是D。

5.

男：你快下班了吧？在公司里等着，我去接你。刚才王刚打电话说他从广州回来了，让咱们晚上都去他那儿吃饭。
女：你不用来接我了，公司今天加班，还不知道到几点才能下班呢。
问：女的为什么不让男的去接自己？

A 公司离得太远　　B 不想见到王刚
C 没时间去吃饭　　D 想自己打车去

【题解】从选项看，这是一道判断题。

从听力材料看，男的想接女的一起去王刚家吃饭，女的说“公司今天加班，还不知道到几点才能下班呢”说明女的要工作，没有时间去王刚家吃饭，所以她不让男的来接她。正确答案是C。

6.

> 女：老李，昨天陪着王姐逛街的那个年轻小伙子是不是你家自强的儿子？我看长得挺像自强的。
> 男：是啊，我的大孙子，刚放寒假回来，昨天陪他奶奶去逛商场呢。
> 问：对话中提到的“自强”和男的是什么关系？

A 父子　B 朋友　C 同事　D 祖孙

【题解】从男的的回答中可以知道年轻小伙子是自强的儿子，自己的孙子，可见男的跟自强是父子关系。

从听力材料可以知道，自强的儿子是男的的大孙子，因此自强应该是男的的儿子。正确答案是A。

7.

> 女：刚才在医院，李医生说你最近工作太累，让你好好儿休息，你怎么刚回来就又去看那些资料了？
> 男：这些材料星期一要交到校长那儿的，我想现在整理好，明天再拿给张玲看一下有没有什么要补充的。
> 问：男的最可能在什么地方工作？

A 医院　**B 学校**　C 海关　D 公司

【题解】从选项看，这是一道地点题。对话中一定会出现带有明显地点特征的事件或物品，考生在听的时候要注意。

在听力材料中出现了“医院”，但是A并不是正确答案，它只是为了迷惑考生，女的说“李医生说你最近工作太累，让你好好儿休息，你怎么刚回来就又去看那些资料了”，这说明男的只是去医院看病，而不是在那儿工作。根据男的的话“这些材料星期一要交到校长那儿的”，说明男的应该是在学校里工作。正确答案是B。

8.

> 男：看来你是不打算减肥了，点了这么多吃的东西。
> 女：我昨天晚上为了做一份报表弄到十一点多才睡，结果今天早上起晚了，没吃早饭就来上班了，现在都快饿死了。
> 问：女的为什么没吃早饭？

A 身体不舒服　B 正打算减肥
C 没有来得及　D 要去送报表

【题解】从选项看，这是一道判断题。

从听力材料看，男的说“看来你是不打算减肥了，点了这么多吃的东西”说明女的正在减肥，而不是正打算减肥。再根据女的的话“结果今天早上起晚了,没吃早饭就来上班了,现在都快饿死了”说明女的因为时间关系,没来得及吃早饭。正确答案是C。

9.

女:你说这几天放假去旅游,怎么没去啊?
男:本来是打算去的,可是到旅行社一问,去旅游的人太多了,都赶在清明节放假这几天,我就不想去了。
问:现在是什么季节?

A 春天　B 夏天　C 秋天　D 冬天

【题解】从选项看,本题和季节有关。做这一类型的题,考生要注意句子中和季节有关的信息,特别是某些带有“符号性”的信息,同时还要具备中国文化中和季节有关的知识,包括有明显季节特征的成语,和中国一些著名传统节日所在的季节。

在听力材料中,男的提到了“清明节”,了解中国文化的人都知道,清明节在每年公历的4月5日前后,农历是三月,是春季的节日。正确答案是A。

10.

男:明天我要去北京参加一个业务学习班,大概要一个星期左右回来,王玲的婚礼我可能参加不了了,你帮我向她解释一下吧。
女:你不是下周五早上回来吗?时间正好啊!
问:王玲的婚礼可能是星期几?

A 星期四　**B 星期五**
C 星期三　D 星期二

【题解】从选项看,这是一道时间题。这一类型的题目,答案可能是听到的某个选项,也可能要通过计算才能得到正确答案,考生要结合问题来判断。

问题问的是王玲周几结婚。对话中提到男的下周五早上回来,正好可以参加王玲的婚礼,可见王玲在周五举行婚礼。正确答案是B。

11.

女:明天学校组织你们去看电影,怎么你还是不高兴的样子?
男:如果回来老师不让我们写作文的话,我会很高兴的。
问:关于男的,可以知道什么?

A 被老师批评了　**B 很讨厌写作文**
C 不喜欢看电影　D 觉得电影不好看

【题解】从选项看,这是一道判断题。这道题应该和写作文与看电影有关。

从听力材料看,男的不高兴不是因为明天的电影,而是因为“如果回来老师不让我们写作文的话,我会很高兴的”,这说明明天看完电影之后,老师要求学生写作文,男的不想写作文,所以才不高兴的。正确答案是B。

12.

男：怎么下了班就在这儿躺着？不舒服吗？
女：最近学校里一直在检查业务，下个星期又得送学生去市里参加竞赛，觉得很累。
问：女的主要是什么意思？

A 不想吃饭了　　B 身体不舒服
C 马上参加考试　　**D 自己工作太忙**

【题解】从选项看，这是一道判断题，需要考生判断每个选项的正误。这道题的重点是听懂女的的真正想法。

从听力材料看，根据女的的话“最近学校里一直在检查业务，下个星期又得送学生去市里参加竞赛，觉得很累”可以知道，她不是身体不舒服，而是工作太累了，从一个“又”字可以看出她经常处理学校的这些事情，工作很忙。正确答案是D。

13.

男：如果这些材料你明天能整理出来，我就等到明天下午再过来拿，你看可以吗？
女：不用，你在你们公司等着就行了，我整理好了给你发电子邮件，从网上传过去，省得你再从城东跑到城西了。
问：根据对话，可以知道什么？

A 男的在发邮件　　**B 男的人在城东**
C 女的正在上网　　D 男的在整理材料

【题解】从选项看，这是一道判断题，考生需要根据听力材料判断各个选项的正误。

从听力材料看，男的希望女的明天下午之前把材料整理好，然后他再从位于城东的公司到位于城西的女的的公司来拿，这说明男的人在城东。正确答案是B。

14.

女：你的车坏了吗？这几天怎么都是骑自行车来上班？
男：车被朋友开去了。我不想像你那样等公交车，太浪费时间，所以就骑自行车来了，还能锻炼身体。
问：女的是怎么去上班的？

A 自己开车　　B 坐出租车
C 骑自行车　　**D 乘公共汽车**

【题解】从选项看，这是一道选择题，重点是一种交通方式。选择题的特点是，所有选项中可能有不止一项出现在听力材料中，很有迷惑性。考生需要听清楚对话内容，并根据问题选出正确的答案。

在听力材料中出现了“车”、“自行车”和“公交车”，问题是“女的是怎么去上班的”。男的说“我不想像你那样等公交车，太浪费时间”，公交车即公共汽车，说明女的是乘坐公共汽车去上班的，所以正确答案是D。

15.

> 女：你女儿被你教育得真好，不但学习成绩好，而且还非常有礼貌，昨天开家长会的时候老师一直在夸她。
> 男：哪里，她也有缺点，她的组织能力和你儿子比起来就差远了。
> 问：男的是什么语气？

A 谦虚　B 难过　C 激动　D 遗憾

【题解】从选项看，这道题和情绪或语气有关。这一类型的题目，考生需要注意两个问题：一是听清对话的内容，判断说话人应有的情绪或语气；二是注意说话人表达情绪或语气的关键词语。

从听力材料看，女的在夸男的的女儿，男的说“哪里，她也有缺点，她的组织能力和你儿子比起来就差远了”。了解中国文化的人应该知道，一般在被别人称赞时，这个人都会很谦虚地说“哪里，哪里”，其实这并不是一个实际的问题，只表示一种谦虚的态度。正确答案是A。

16.

> 女：咱们可说好了，星期天的时间你得给我空出来，我已经帮你和我同事的女儿约了八点在公园见面，你别到时候又说有事。
> 男：小姨，我不是说了我现在不想谈女朋友吗？你怎么又给我介绍？
> 问：他们是什么关系？

A 朋友　B 同事　**C 亲戚**　D 邻居

【题解】从选项看，这是一道关系题。

从听力材料来看，男的对女的的称呼“小姨”可以知道，他们应该是亲戚关系。小姨是对母亲妹妹的称呼。正确答案是C。

17.

> 男：你去哪儿了？刚才送家具的工人给我打电话说家里没有人，他们现在在那儿等着呢。
> 女：王姐早上通知我，上次写的那篇文章有个地方需要修改一下，让我来报社看看。我现在马上就回去了。
> 问：根据对话，下列哪项正确？

A 男的正在报社　**B 女的写了文章**
C 王姐写了文章　D 工人在他们家里

【题解】从选项看，这是一道判断题。考生需要根据听力材料判断各个选项的正确与否。

从听力材料看，根据男的的话“刚才送家具的工人给我打电话说家里没有人，他们现在在那儿等着呢”可以知道，他们家没有人，工人在家门口等着。再根据女的的话“上次写的那篇文章有个地方需要修改一下，让我来报社看看”可以知道，女的写的文章需要修改，正确答案是B。

18.

> 女：李明没在这儿吗？王教授找他，让他去一下三楼小会议室。
> 男：他和李老师一起出去了，说是去买下星期演出的服装，这期的广播节目他都没做，让我自己做的。
> 问：李明干什么去了？

A 开会　　B 演出
C 录节目　　**D 买东西**

【题解】从选项看，这是一道判断题，应该和一个人的行为活动有关系。

从听力材料看，“会议室”、“演出”、“节目”和“买”都出现在了听力材料中，但问题问的是“李明干什么去了”，所以在听时，要对李明的行动加以注意。根据男的的话“他和李老师一起出去了，说是去买下星期演出的服装”可以知道，李明和李老师去买演出服了，所以正确答案是D。

19.

> 男：妈，你看到我的录音笔了吗？怎么找不到了？我马上就要迟到了。
> 女：自己的东西也不放好，你看沙发上有没有，我好像看见过。
> 问：男的是什么语气？

A 生气　**B 着急**　C 兴奋　D 伤心

【题解】从选项看，这道题和情绪或语气有关。

在听力材料中，男的说在找录音笔，而且马上就要迟到了，这说明时间很紧，他现在找不到东西应该很着急。正确答案是B。

20.

> 女：你们的旅游时间定下来没有？
> 男：下午确定了，4号一早出发，10号晚上回来。
> 问：男的出去旅游几天？

A 四天　B 六天　**C 七天**　D 十天

【题解】从选项看，这是一道时间题。这一类型的题目，答案可能是听到的某个选项，也可能要通过计算才能得到正确答案，考生要结合问题来判断。

听材料时，考生要特别注意和时间有关的信息。男的说“4号一早出发，10号晚上回来”，从4号一直到10号晚上，这说明他们总共要出去旅游七天，而不是六天。正确答案是C。

第二部分

第 21 到 45 题：请选出正确答案。现在开始第 21 题：

21.

女：这个就是你看中的窗帘吗？
男：是啊，我觉得这个颜色不错，配咱家那套浅色的家具，应该很漂亮。
女：可是我觉得太花了，旁边那个紫色的会更好些吧？
男：那就选紫色的，只要你喜欢就行。
问：他们现在最可能在哪儿？

A 家具店　　B 服装店
C 窗帘店　　D 电影院

【题解】根据选项，本题讨论的主题与地点有关。

在听力材料中出现了“窗帘”、“家具”等词，但“家具”的出现只是为了迷惑考生。从男女的对话可以知道，他们应该是在选择窗帘，如“这个就是你看中的窗帘吗”、“我觉得太花了”和“那就选紫色的”这几句话都表明他们是在买窗帘。正确答案是 C。

22.

女：今天怎么这么早就下班了？
男：哪儿啊，我正在整理材料，王刚给我打电话让我回家，说有急事找我，我向主任请了假才出来的。
女：他刚才也给我打电话了，让我在家等着，他马上就到。
男：这个王刚，在搞什么啊，这么神秘！
问：根据对话，可以知道什么？

A 王刚正在上班　B 女的不认识王刚
C 男的没见到王刚　D 男的已经下班了

【题解】根据选项，本题讨论的主题和王刚与上下班有关系。四个选项中 AD 与上下班有关，ABC 三项都和王刚有关，考生在听时要注意和王刚有关的句子。

在材料中，王刚给男的打电话让他回家，这时女的也在家，并且说王刚“马上就到”，说明王刚还没来。正确答案是 C。

23.

男：小王，你抓紧时间把这些资料打印出来，下午上班的时候交给经理。
女：这么着急？我现在得做这份报表，也是马上要交上去的，要不，你让李红打吧。
男：李红请假了，她女儿这几天不舒服，在医院呢。
女：这样啊，那你放这儿吧，我中午不回家了，尽量打出来。
问：女的主要是什么意思？

A 自己现在很忙　B 要去照顾女儿
C 让男的做报表　D 中午去看李红

【题解】根据选项，这是一道判断题，讨论的主题与一个人的的行为活动有关，考生在听的时候，要特别注意对话中关于“我要做什么”的表述。

从听力材料看，男的让女的打印资料，而女的现在要做报表，没有时间打，想让李红打，但男的说李红为了照顾女儿请假了，所以最后女的决定中午不回家了，留在公司打印资料，这说明女的工作很忙，连中午回家的时间都没有了。正确答案是 A。

24.

男：张阿姨，您出去锻炼啊？
女：是啊，你出差回来了？
男：昨天晚上到家的。张阿姨，我不在的这一个星期，多亏您帮忙了。
女：看你说的，我别的忙帮不上，咱们离得这么近，帮着看一下孩子还是可以的。
问：女的最可能是男的的什么人？

A 亲戚　B 同事　**C 邻居**　D 朋友

【题解】根据选项，这是一道关系题。考生可以根据对话中的称呼和说话的语气等来判断他们之间的关系。

从听力材料看，男的称呼女的为“张阿姨”，一般情况下，亲戚之间的称呼不带姓，同事或朋友一般不称呼“阿姨”所以我们初步判断他们很可能是邻居。再根据女的“咱们离得这么近，帮着看一下孩子还是可以的”这句话，我们基本上可以肯定他们是邻居关系。正确答案是 C。

25.

女：你们班这次测验的成绩出来没有？
男：昨天下午就出来了，考得不太好，好几个成绩不错的孩子都没发挥好。
女：我们班也是。平均分数才 82 分。
男：李明那个班的成绩不错，这次好像是年级第一名。
问：李明最可能是什么人？

A 学生　B 家长　**C 老师**　D 校长

【题解】根据选项，本题讨论的主题与一个人在社会中扮演的具体角色有关。其中 ACD 三项都与学校有关，所以这对话内容很可能是关于学生、学校的。

从听力材料来看，女的问男的班这次测验的成绩，男的回答“考得不太好，好几个成绩不错的孩子都没发挥好”，从男的对学生的称呼“孩子”看，他应该是他口中“孩子”的老师，这应该是老师之间的一段对话。再根据“李明那个班的成绩不错”可以知道，李明也是一名老师。正确答案是 C。

26.

女：下班了，你还不走，在找什么呢？
男：我的钥匙找不到了。
女：你桌子上不就是钥匙吗？
男：那是家里的。今天是我妈的生日，我上午买了条项链放在办公桌抽屉里，打算晚上回家时送给她的，可现在找不到抽屉钥匙了。
问：男的想干什么？

A 拿礼物　　B 锁抽屉
C 看妈妈　　D 买项链

【**题解**】根据选项，本题讨论的主题与一个人的行为动作有关。

从听力材料看，男的说“我的钥匙找不到了”，他送妈妈的生日礼物还锁在抽屉里，现在正在找抽屉的钥匙，想把礼物从抽屉里拿出来。正确答案是A。

27.

女：李强，地毯这儿怎么湿了一块？
男：糟糕，一定又是小点点搞的，我正要带它出去方便呢。
女：你同事什么时候能回来啊？弄条小狗放在这儿，我快烦死了，搞得到处都这么脏。
男：好了，好了，别生气，我来处理。再等两天他就回来了。
问：根据对话，下列哪项不正确？

A 女的很喜欢点点
B 点点是一条小狗
C 女的非常不高兴
D 男的帮同事照顾宠物

【**题解**】根据选项，本题讨论的主题与“点点”和“宠物”有关。

从材料来看，因为点点把地毯弄湿了一块儿，所以女的抱怨说：“你同事什么时候能回来啊？弄条小狗放在这儿，我快烦死了，搞得到处都这么脏。”这说明点点是同事家的一条小狗，男的现在正在帮同事照看，而女的不喜欢点点。考生要特别注意，这道题要求选出不正确的一项。正确答案是A。

28.

男：王玲，有没有钱借我一点儿？
女：这个月你妈已经给你寄了两千块钱了，你又都买衣服了吧？
男：不是，昨天房东通知我，从下个月起房租涨五百，而且要提前交，所以我的钱就不够了。
女：这房东也真是的，当初说好的价格怎么又涨了。
问：男的借钱干什么？

A 买衣服　　**B 付租金**
C 看电影　　D 交学费

【**题解**】根据选项，本题讨论的主题与一个人的行为活动有关，而且应该与钱有密切的关系。

从材料看，男的找女的借钱，是因

为“昨天房东通知我，从下个月起房租涨五百，而且要提前交”，也就是说男的借钱是为了交房租。正确答案是B。

29.

男：你怎么只吃这么一点儿饭？身体不舒服吗？
女：我在减肥呢。
男：你不胖啊，干吗减肥？女人太瘦了也不好看。
女：你和我老公说的一样，可是我觉得我比去年胖了，好多衣服我现在都不能穿了。
问：关于女的，可以知道什么？

A 现在正在节食　B 很想去买衣服
C 和男的是夫妻　D 觉得自己去年胖

【题解】根据选项，本题讨论的主题可能与肥胖有关，因为A项提到了“节食”这个词，D项包含“胖”这个词。考生在听时，要对这方面的表述加以注意。

从听力材料看，男的看女的只吃了一点儿，以为她身体不舒服，女的说“我在减肥呢”，也就是说，女的吃的少是在为减肥而节食。正确答案是A。

30.

男：你在哪儿呢？
女：在单位，马上要去开会，找我有事儿吗？
男：中午咱们见个面吧，下个星期的同学聚会，有些安排我想和你商量一下。
女：晚上吧，我中午有安排。
问：根据对话，可以知道什么？

A 他们是同学
B 女的中午参加聚会
C 男的现在在单位里
D 男的约女的晚上见面

【题解】根据选项，这是一道判断题，要求考生根据听力材料逐一判断出各项的正误。

从材料看，男的因为下个星期同学聚会的事想约女的中午见面，这说明他们应该是同学，但女的说“我中午有安排”，约在晚上见面比较好。正确答案是A。

第31到32题是根据下面一段对话：

男：你和张丽还没和好吗？
女：(31)她还在生气，我找她说话，她也不理，其实也没有多大的事情，至于气到现在吗？
男：她父母离婚了，所以最怕别人问她家里的事情。
女：你怎么知道的？
男：我们班的李强和她是邻居，也是中学同学，对她家的情况比较了解。

女：那怎么办啊，我不知道是这种情况，那天还和她开玩笑。
男：(32)晚上你们宿舍没人的时候，你态度诚恳地和她说声对不起，相信她会原谅你的。
女：那好吧。

31. 关于张丽，下列哪项正确？

A 和男的是邻居　**B 在和女的生气**

C 不太喜欢说话　D 长得非常漂亮

【题解】从选项上来看，这是一道判断题，考生要根据听力材料判断四个选项的正误。

从材料看，男的问女的和张丽和好了没有，女的回答说"她还在生气，我找她说话，她也不理"，说明张丽还在和女的生气。正确答案是B。

32. 男的让女的怎么做？

A 向张丽道歉　B 找李强帮忙

C 不要乱说话　D 认真了解朋友

【题解】从选项上看，这是一道关于行为活动的判断题。结合31题，我们可以推测本题说的是为解决女的和张丽的矛盾关系而做出的努力。

从听力材料看，女的问男的怎么办，男的说"晚上你们宿舍没人的时候，你态度诚恳地和她说声对不起，相信她会原谅你的"，就是让女的和张丽道歉。正确答案是A。

第33到34题是根据下面一段对话：

女：你下班了吗？
男：快了，你在哪儿呢？我一会儿去接你，咱们去看电影。
女：对不起，我马上要飞北京，不能陪你去看电影了。
男：你不是说这两天你休息吗？怎么又要飞？
女：(34)中午我们公司的李丽给我打电话，想和我换个班，她今天要去见男朋友的父母。
男：你啊，总是别人的事情比自己的重要。
女：她去见父母是大事啊，咱们的电影什么时候都可以去看，而且，我去北京也很快，明天就回来了，明天晚上再陪你，好吗？
男：你回来后好好儿休息一下吧。(33)后天是周日，我再去找你。

33. 今天是星期几？

A 星期三　B 星期四

C 星期五　D 星期六

【题解】从选项中看，这道题是要求考生从对话中的时间来找出或者计算出星期几。

从材料来看，根据男的的话"后天是周日，我再去找你"可以知道，后天是星期天，那么今天就应该是星期五。正确答案是C。

34. 根据对话,可以知道什么?

A 李丽是空姐

B 女的要去北京旅游

C 女的和男的是同事

D 男的现在有些生气

【题解】从选项看,这道题涉及了男的、女的和李丽三个人,考生在听时,要对三个人的关系加以注意。

从听力材料看,男的约女的去看电影,女的说自己和李丽换了班,今天要飞北京,这说明女的和李丽是同事,她们在飞机上工作,应该都是空姐,而女的这次飞北京是为了工作,而不是旅游。正确答案是A。

第35到36题是根据下面一段话:

(35)一个年轻人刚从大学毕业,到一家汽车公司应聘,一同应聘的几个人都比他有工作经验,他感到没有希望了。当年轻人敲门走进总经理办公室时,发现门口地上有一张纸,他很自然地弯腰把它捡了起来,看了看,原来是一张废纸,就顺手把它扔进了垃圾桶。总经理对这一切都看在了眼里。年轻人刚说第一句话:"我是来应聘的。"总经理就发出了邀请:"很好,很好,你已经被我们录用了。"(36)这个让年轻人感到吃惊的决定,实际上就是因为他那个弯腰捡纸的细节。

35. 年轻人为什么感觉自己没有希望?

A 没有适合自己的职位

B 自己所学的专业不好

C 感觉别人比自己优秀

D 大家对自己的印象很差

【题解】从选项上看,这是一道判断题。这道题应该和一个人的自我评价有关。

从听力材料看,根据"一个年轻人刚从大学毕业,到一家汽车公司应聘,一同应聘的几个人都比他有工作经验,他感到没有希望了"这句话可以知道,这个年轻人认为自己在工作经验方面不如别人,所以他才感觉自己没有了希望。正确答案是C。

36. 总经理选择了这个年轻人,是因为他的什么?

A 身体很健康　　**B 良好的习惯**

C 不错的技术　　D 态度比较谦虚

【题解】从选项上看,这道题应该和一个人的个人素质有关系,因为四个选项的内容都在表述一个人的个人特点。

从材料看,经理选择了这个年轻人是因为他把地上的废纸捡起来,扔进了垃圾桶,说明这位年轻人有较好的习惯。正确答案是B。

第 37 到 38 题是根据下面一段话：

有一家超市新购进了一批高档杯子，样式不错，质量也非常好，超市经理相信一定能成为一批抢手货。(37)然而，奇怪的是，一周过去了，一个月过去了，顾客购买的却很少。看到这么漂亮的杯子，许多顾客先是一阵惊喜，但当拿到手仔细看过之后，都摇摇头，放下杯子走开了。

经理没办法，去找了一位心理学家。心理学家拿起杯子，细细看过之后，便叫经理马上派人把这批杯子上的盖子全部取走，但杯子仍放在柜台上原价出售。

(38)心理学家说："这批杯子的盖子不好，顾客们想买下杯子，却又总觉得买了吃亏。如今盖子一去，它们就成为一批完美的杯子了。"

十天后，这批杯子被抢购一空。

37. 一个月后，超市经理可能是什么样的心情？

A 遗憾　B 抱歉　**C 失望**　D 激动

【题解】从选项上看，这道题和情绪或语气有关。

在听力材料中，超市经理觉得新购进的高档杯子一定是抢手货，但一个月过去后，购买这种杯子的人很少，所以经理应该是一种失望的心情。正确答案是 C。

38. 心理学家让经理怎样做使杯子被抢购一空？

A 改变杯子的构造　B 降低商品的价格

C 实行"买一送一"　D 买杯子会有赠品

【题解】从选项上看，这道题应该和杯子的促销方案有关，再结合第 37 题，杯子一个月后没有卖出多少，我们可以推测这道题是有关心理学家给经理出的解决问题的方法。

从材料看，心理学家说"这批杯子的盖子不好，顾客们想买下杯子，却又总觉得买了吃亏。如今盖子一去，它们就成为一批完美的杯子了"，也就是把原来带盖的杯子变成了不带盖的杯子，改变了杯子的外形构造。正确答案是 A。

第 39 题到 42 题是根据下面一段话：

一天中午，一家大银行的贷款部来了一位穿衣非常讲究的老太太。(39)她将手中漂亮的皮包放在柜台上说："我想借些钱。""可以，按规定，只要您提供一定的担保，借多少都是可以的。"贷款部经理回答。"我只借一块钱，可以吗？""当然可以！不过……"经理微笑着。"这些票据价值 50 万元，够做担保的吗？"老太太打开皮包，拿出了一大堆票据。"当然，当然！不过，您真的只借一块钱吗？""是的，但我希望，允许提前还贷，有问题吗？”“没问题。这是一块钱，年息6%，为期一年，可以提前归还。归还时，我们将这些票据还给您。这是合同。”经理虽有疑问，但人家的票据的确都是真的，而且显然没有违反规定，所以他还是熟练地办着手续。

老太太在合同上签字后，接过一块钱，转身就走。经理叫住了她，(40)“我实在不明白，您担保的票据值那么多的钱，为什么只借一块钱呢？即使您要借个三四十万，我们也是挺乐意的……”

(41)“噢，是这样的。我必须找个保险的地方存放这些票据，而租个保险箱又得花不少费用。放在你们这儿又安全又能随时取用，一年只要6分钱，实在是方便得很。”

39. 老太太去银行干什么？

A 办理贷款　B 存了很多钱

C 租了保险箱　D 咨询点事情

【题解】从选项上看，这道题应该和银行有关。

从材料来看，老太太去银行的贷款部借了一块钱，也就是说，她到银行去是为了办理贷款。正确答案是A。

40. 贷款部经理为什么对老太太产生了疑问？

A 不知道她借钱干什么

B 怀疑她票据的真实性

C 很好奇她是做什么的

D 奇怪她为什么不多借些钱

【题解】从选项上看，这是一道判断题，结合第39题可以知道，老太太到银行办理了贷款，这道题和老太太办贷款的行为有关系。

从材料看，老太太拿来做担保的票据价值50万，明明可以多借很多钱，而她却只借一块钱，这让经理很不解。正确答案是D。

41. 老太太最后一段话是什么意思？

A 非常需要这一块钱

B 工作人员的态度很好

C 想把票据保存在银行

D 去银行办贷款很方便

【题解】从选项上看，这是一道判断题。考生需要根据听力内容判断各个选项是否正确。

从听力材料看，老太太的话说明她在这里借一块钱只是为了让银行帮她保管这些票据。正确答案是C。

42. 贷款经理听了老太太的话后可能会有什么样的反应？

A 十分意外　B 非常生气

C 有些高兴　D 感到遗憾

【题解】从选项上看，这道题和情绪或语气有关。考生需要听清材料内容，理解材料想表达的真实意思。再根据前三道题，我们可以推测这道题应该和贷款经理的反应有关。

在听力材料中，贷款部经理没有想到老太太来借一块钱是为了把自己重要的票据存放在银行里，所以他在听到老太太的解释后会感到很意外。正确答案是 A。

第 43 到 45 题是根据下面一段话：

> 从前有个男人很喜欢钱，想钱想疯了。(43)一天早上，有个他跑到一家银行，抢了一把钱就走，(45)却被一个工作人员拿住，把他送到警察局里去了。警察问他："这么多人在那里，你怎么敢抢钱呢？"(44)他说："我抢钱的时候压根儿就没看见人，眼睛里只看见钱了。"

43. 一天早上，有个男人去哪里抢钱了？

A 饭馆　　**B 银行**

C 大街上　D 警察局

【题解】从选项上看，这是一道地点题。

从听力材料看，"一天早上，他跑到一家银行，抢了一把钱就走"说明他是到银行去抢的钱。正确答案是 B。

44. 这个男人抢钱的时候眼睛里看见了什么？

A 钱　　B 警察

C 许多人　D 工作人员

【题解】从选项上看，四个选项都是名词，其中 BCD 三项都与人有关。

从听力材料来看，男的"抢钱的时候压根儿就没看见人，眼睛里只看见钱了"说明他抢钱时只看到了钱，没有看到其他人。正确答案是 A。

45. 关于这个男人，可以知道什么？

A 很有钱　**B 被抓了**

C 眼睛看不见　D 家里开银行

【题解】从选项上看，这是一道判断题，考生需要根据听力材料判断各项的正误。

结合前两道题和听力材料来看，男的抢了钱之后被一个工作人员抓住了，然后被送到了警察局，这说明他被抓了。正确答案是 B。

听力考试现在结束。

阅读部分题解

第 一 部 分

第 46—60 题:请选出正确答案。

46—49.

> 有一部分人,因为眼睛区别颜色的功能出现__46__,感受到的色彩是模糊残缺的,__47__是一片灰色,医学上把这种__48__称为“色盲”。颜色千变万化,但都离不开红、绿、蓝这三种基本色光。人眼睛里有一种特殊的细胞,对这三色光有特殊的感觉能力。由于其他各种颜色都是由这三色光按不同__49__混合而成的,所以眼睛能区别出各种各样的颜色。

46. A 错误　B 意外　C 情况　**D 问题**

【题解】A 项“错误”强调不正确;B 项“意外”强调意料之外、没想到,做名词时表示不幸的事件;C 项“情况”强调事物表现出来的样子,也可以表示事情的变化;D 项“问题”可以表示事故或麻烦。根据短文,有些人的眼睛感受到的颜色不完整,不是把一种颜色看成别的颜色,所以不能说这是“错误”,A 项不正确;“意外”多是突然发生的、想不到的,有些人不能区别颜色不是突然发生的,B 项不正确;“出现情况”表示出现了新的变化,不能区别颜色不是新的变化,C 项不正确;“出现问题”表示有了麻烦或事故,因此事情不能正常进行,本题选择 D 项,区别颜色的功能出现了问题,这一功能就不正常了,因此感受到的颜色是模糊的、不完整的。

47. A 或者　**B 甚至**　C 并不　D 也许

【题解】“色彩模糊”说明能看到一些色彩,但是不清楚,“一片灰色”说明只能看到一种颜色,区别色彩出现的问题更严重,因此本题选择表示递进关系的“甚至”。

48. A 反应　B 错误　C 可能　**D 现象**

【题解】A 项“反应”强调由事件引起的活动、意见、态度等,需要有前因;B 项“错误”强调不正确;C 项“可能”强调不确定、不一定;D 项“现象”表示事物变化发展中表现出来的形态。有些人不能区别颜色,是人类发展过程中出现的一种情况,不是由某种原因引起的,A 项不正确;不能区别颜色也不是不正确的事情,B 项不正确;医学上的“色盲”不是指人可能不能区别颜色,而是指不能区别颜色这件事,因此本题选择 D 项,表示人类发展中表现出的一种形态。

49. A 成分　B 关系　C 程度　**D 比例**

【题解】A 项"成分"是指构成事物的不同物质或者因素；B 项"关系"表示事物之间相互作用、相互影响的状态；C 项"程度"表示事物变化达到的状况；D 项"比例"表示量的倍数关系，比如老师和学生的比例。根据短文，各种颜色都是由红、蓝、绿三种颜色的光构成的，因此 A、B、C 三项不正确。红光最多和蓝光最多产生的颜色是不同的，这是数量多少的关系，因此本题选择 D。

50—53.

> 有个打鱼的人，他每天只打一尾鱼，那尾鱼刚好可以换他一天的食物、水和烟。然后他就躺在__50__上晒太阳，望着蓝天白云抽烟，悠闲自在。有一天一个商人对他说："老兄，我觉得你应该打__51__多的鱼，然后把它们卖掉换钱，等钱足够多了就买一只船，再开着船到处__52__。""然后呢？"那人问商人。"然后就能赚很多很多的钱，买一所大房子，就可以每天到海边晒太阳，听海。""可是我现在不正在晒太阳，听海吗？"那人回答说，"更重要的是等我做够了那些事，赚到了足够的钱，也许我已经没有__53__来晒太阳听海了。"

50. **A 沙滩**　B 船　C 房子　D 床

【题解】根据下文的"晒太阳"，首先排除 D 项"床"，一般来说，床是在房间里的，躺在床上晒太阳不是一般的情况；下文里商人建议那个人买船，说明他还没有自己的船，B 项不正确；躺在"房子"上是可以晒太阳的，但是根据短文，那个人在海边，A 项"沙滩"比 C 项"房子"更合理，本题选择 A 项。

51. A 很　**B 更**　C 最　D 好

【题解】根据短文，"他每天只打一尾鱼，那尾鱼刚好可以换他一天的食物、水和烟"，而商人建议他把鱼卖掉换钱，那么打的鱼一定比一条多，因此表示比较关系的 B"更"适合。选 B。

52. A 旅游　　B 晒太阳
　C 观海　　**D 做买卖**

【题解】根据下文，商人劝他去做的事可以赚很多很多的钱，选项中只有 D 项"做买卖"能达到这个目的，选 D。

53. A 兴趣　B 时光　**C 时间**　D 心情

【题解】"有时光"不符合语法，B 项首先排除；如果选择 A 项，"有兴趣"表示喜欢做，选择 D 项，"有心情"表示心情好所以想做，两个选项的意思类似，因此两个选项都不正确；而且根据短文，那个人喜欢听海、晒太阳，这跟他有钱没钱没有关系，但是如果那个人开始做买卖，就会变得很忙，没有时间，因此本题选择 C。

54—56.

> 警察拦下了一辆汽车，对司机说："这条路限速50，您___54___了，您的车速是60。"司机说："不是60，是50。"坐在旁边的妻子说："我都看到了，是80。"司机不满地看了妻子一眼。警察又说："你还没系安全带，执照将停用一个月。"司机说："我系了，您过来的时候，我刚刚解开。"妻子说："你什么时候系过安全带？"司机骂道："___55___上你的臭嘴！"警察问司机的妻子："您丈夫平常总是用这种___56___对您讲话吗？"妻子回答："不是，他喝醉了才这样。"

54. A 减速　B 加速　**C 超速**　D 快速

【题解】选项都和速度有关，根据上下文，限速50，也就是说车速最快是50，而司机的妻子说他的车速是80，所以司机超速了，本题选择C。

55. **A 闭**　B 合　C 关　D 锁

【题解】根据上下文，司机不想让妻子说话，选项都可以表示和"开"相反的意思，但是只有"闭嘴"表示不再说话的意思，本题选择A。

56. A 心情　**B 口气**　C 表情　D 脾气

【题解】A项"心情"表示感情状态；B项"口气"表示说话时表现出的感情色彩；C项"表情"表现在面部或姿态上的感情；D项"脾气"表示性格。根据上下文，司机说话时的态度很差，本题应该选择形容说话时的情态的词语，B正确。

57—60.

> 齐国的相国邹忌和城北的徐公都很帅。有一天邹忌问他的妻子说："我和城北徐公比较起来，谁长得___57___？"妻子说："徐公怎么比得上您呢？"第二天，邹忌家中来了一位客人，邹忌又问了客人，客人说："当然是您啊。"过了几天，徐公到邹忌家来___58___，邹忌发现自己实在不如徐公。
>
> 于是，他对齐王说："我的相貌本来不如徐公，但妻子和客人都说他不如我，这是因为妻子爱我，客人有事求我，所以他们都说我的好话，不说真话。而我们齐国地方这么大，宫中上下，谁不偏爱您；文武官员，谁不怕您；全国百姓谁不希望得到您的___59___，看来好听的话您一定听得更多。大王如能公开征求意见，一定对国家有益。"于是齐王下令，提建议有奖赏。命令一下，___60___，皇宫门口每天像市场一样热闹。

57. A 漂亮　**B 英俊**　C 亲切　D 完美

【题解】根据短文，邹忌和妻子、客人讨论的重点都是相貌，A、B两项是形容相貌好的，C项形容的是态度，D项也可以形容相貌，但是“完美”是没有缺点的，是不能比较的，因此本题应该在A、B两项中选择。A项“漂亮”多形容女性，B项“英俊”多形容男性，本题选择B。

58. A 看望　B 参观　**C 拜访**　D 问候

【题解】A项“看望”表示到长辈或亲友家问候；B项“参观”表示实地观察，宾语多是名胜古迹、工厂学校等，多带有学习或游览的目的；C项“拜访”也表示去看望别人，比看望正式，有尊敬的意思，而且宾语可以是陌生人；D项“问候”表示问好、关心，常用形式是“代某人问候”。根据短文，邹忌一直想知道自己是否比徐公漂亮，说明他没见过徐公，因此徐公这次是初次上门，A和D都暗含着邹忌在健康或生活上出现问题，但文章并没提到这一点，因为都不对，因此本题选择C，表示去陌生人家，而且有尊敬的意思。

59. **A 奖赏**　B 支持　C 责任　D 权力

【题解】根据短文内容，老百姓们希望得到齐王的某种东西。D项“权力”，老百姓是不太可能得到的，首先排除；C项“责任”并不是老百姓想要的，也排除B项“支持”也不对，应该是国王希望得到老百姓的支持、最后答案只剩下A，因为希望得到的“奖赏”，老百姓才会一直说国王的好话，C项也不正确；A、B项语法都正确，但是根据短文，应该选择老百姓希望得到的，国王的责任是保护老百姓，那么B项“保护”应该是老百姓已经得到的，而A项“关怀”不是每个老百姓都能得到的，因此本题选择A。

60. A 大家都去发言

B 大家都去提意见

C 齐王要见很多人

D 官员还是不敢说话

【题解】根据上下文，提建议的有奖赏，皇宫门口像市场一样热闹，本题应该选择提建议有奖赏带来的结果，同时是皇宫门口像市场一样热闹的原因，因此首先排除D项；C项是去提建议的人多的结果，不是皇宫门口像市场一样热闹的原因，C项也不正确；A、B项都表示去皇宫的人多，但是A项中的“发言”多表示在会议上发表意见，不符合文章意思，因此本题选择B。

第二部分

第61—70题：请选出与试题内容一致的一项。

61.

> 年糕是中国春节的传统小吃。过去北京的年糕一般由清真回民小吃店供应，除年节大量供应外，平时的数量和品种都比春节时少。据说早在辽代，农历正月初一，就有家家必吃年糕的习俗，因为年糕谐音"年年高"。由于年糕是用黄米或江米面加各种材料制成的，有黄、白两色，象征金银，也表示财富。

A 年糕的品种很多

B 只有少数民族吃年糕

C 年糕只在春节的时候吃

D 春节吃年糕是因为有特别的意义

【题解】年糕平时的品种很少，A项不正确；过去年糕一般是回民小吃店供应，不能说明只有少数民族吃年糕，B项不正确；平时年糕数量和品种比春节时少，说明平时也吃年糕，C项不正确；吃年糕有"年年高"的含义，黄、白两色表示财富，说明春节吃年糕是因为有特别的意义，D项正确。

62.

> 所谓口水歌就是在一段时间里，男女老少都会唱几句的那种流行歌，它不一定写得很好，但却很上口，容易被传唱。音乐似曾相识，听几次就能跟着唱。口水歌还有另一种意思，就是发烧CD里，能听到歌手唱歌时的口水声。

A 口水歌都很好听

B 口水歌能流行很长时间

C 口水歌在某段时间很受欢迎

D 口水歌这个说法跟"口水"无关

【题解】口水歌不一定写得很好，A项不正确；口水歌是在一段时间里流行的，B项不正确；口水歌男女老少都会唱几句，说明它很受欢迎，C项正确；口水歌的另一个意思是能听到歌手唱歌时的口水声，这个说法跟"口水"有关，D项不正确。

63.

> 超级地球也称超级类地行星，是指那些环境可能和地球类似，但质量要大好几倍的行星。科学家普遍怀疑这类行星上可能存在水和生命，因此具有重大研究价值。2009年12月，科学家发现一颗距离地球仅40光年的超级地球，它是至今发现距离地球最近的系外"超级地球"。

A 超级地球是一种行星

B 科学家仅发现了一颗超级地球

C 科学家发现超级地球上有水和生命

D 超级地球的环境和质量都和地球类似

【题解】超级地球也叫超级类地行星，说明超级地球是一种行星，A 项正确；科学家发现了一颗离地球最近的超级地球，说明科学家不止发现了一颗超级地球，B 项不正确；科学家怀疑超级地球上有水和生命，C 项不正确；超级地球的质量比地球大好几倍，D 项不正确。

64.

> “南丁格尔日”最初称“医院日”，在中国则称为“国际护士节”，该节是为纪念现代护理学科的创始人——弗洛伦斯·南丁格尔而设立的。1912 年，国际护士理事会将南丁格尔的出生日——5 月 12 日定为“国际护士节”，目的在于激励广大护士继承和发扬护理事业的光荣传统，以“爱心、耐心、细心、责任心”对待每一位病人，做好护理工作。

A 南丁格尔是 1912 年出生的

B 国际护士节是南丁格尔设立的

C 现代护理学是南丁格尔创立的

D 南丁格尔日和国际护士节都是护士的节日

【题解】1912 年国际护士理事会将南丁格尔的出生日定为国际护士节，南丁格尔不是 1912 年出生的，A 项不正确；国际护士节是国际护士理事会设立的，B 项不正确；南丁格尔是现代护理学的创始人，C 项正确；南丁格尔日就是国际护士节，D 项不正确。

65.

> 凤凰古城位于湖南省湘西自治州西南部，总面积 1700 多平方公里，人口 37 万，是一个以苗族、土家族为主的少数民族聚集县。凤凰古城西南，有座山很像展翅而飞的凤凰，古城因此而得名。2001 年 12 月 17 日，凤凰古城被国务院列为中国历史文化名城。古城风景秀丽、历史悠久，名胜古迹甚多，被称赞为中国最美丽的小城。

A 凤凰古城的形状像凤凰

B 凤凰古城是中国最美的小城

C 凤凰古城有 37 万少数民族人口

D 凤凰古城的居民主要是少数民族

【题解】凤凰古城西南有座山的形状像凤凰，A 项不正确；凤凰古城曾被称赞为中国最美的小城，不能说明它就是“中国最美的小城”，B 项不正确；凤凰古城有 37 万人口，C 项不正确；凤凰古城是以苗族、土家族为主的少数民族聚集县，说明凤凰古城的居民主要是少数民族，D 项正确。

66.

> 步摇是中国汉民族的传统首饰，质地为金银玉石，一般样式为蝴蝶等昆虫。女人佩戴着走路的时候，首饰会随脚步而摆动，因此取名“步摇”。步摇西汉时出现，东汉时传入朝鲜半岛及日本，并对当地的文化产生了深远的影响。

A 日本、朝鲜也有步摇

B 现在没有人戴步摇了

C 步摇是中国人发明的

D 步摇的名字是从样式来的

【题解】步摇传入了朝鲜半岛和日本，说明日本、朝鲜也有步摇，A 项正确；B 项和内容无关，不正确；步摇是中国汉民族的传统首饰，不能说明步摇是中国人发明的，C 项不正确；步摇的名字不是从样式来的，而是因为女人带着步摇走路时，步摇会摆动，因而得名，D 项不正确。

67.

> 舞龙起源于中国的传统舞蹈。舞龙和舞狮，古时是一年中重大节日里的节目之一，在节庆、贺喜、祝福时都有舞“龙”的习俗。随着华人移民到世界各地，现在的舞龙文化，已经在东南亚、欧美、大洋洲等地的华人社区中流行开来，成为中华文化的一个标志。

A 非洲也有舞龙文化

B 舞龙是大型节日的节目

C 舞龙、舞狮都起源于舞蹈

D 舞龙文化集中在华人社区

【题解】短文没有提到非洲，A 项不正确；古时，舞龙是重大节日的节目，B 项不正确；舞龙起源于舞蹈，内容没有舞狮的起源，C 项不正确；舞龙文化流行于华人社区，说明舞龙文化集中在华人社区，D 项正确。

68.

> 武汉长江大桥，位于湖北省武汉市，是中国在长江上修建的第一座铁路、公路两用桥，被称为“万里长江第一桥”。武汉长江大桥于 1955 年 9 月 1 日开工建设，于 1957 年 10 月 15 日建成通车。2011 年 6 月 6 日，一艘万吨级油轮撞上了这座大桥，这是近十余年来，长江大桥发生的最严重的一起撞击事件。

A 武汉长江大桥被撞过不止一次

B 2011 年维修了武汉长江大桥

C 中国长江上只有武汉长江大桥

D 武汉长江大桥 1957 年 9 月开始通车

【题解】2011 年武汉长江大桥被撞是 10 余年来最大的一起，说明武汉长江大桥不止被撞过一次，A 项正确；2011 年武汉长江大桥被撞，但是没有说到维修，B 项和内容无关，B 项不正确；武汉长江大桥是长江上第一座铁路、公路两用桥，但没说是唯一的一座桥，C 项不正确；武汉长江大桥1957年10月开始通车，D项不正确。

69.

> 农历九月九是中国传统的重阳节，也称"老人节"。重阳节早在战国时期就已经形成，到了唐代，重阳被正式定为民间的节日，沿袭至今。重阳又称"踏秋"，与农历三月三"踏春"一样都是全家出游的节日。重阳这天一般亲朋好友会相约一起登高"避灾"，赏菊花。

A 公历9月9日是重阳节

B 公历3月3日是踏春节

C 重阳节是唐代出现的

D 重阳节和三月三都应该出游

【题解】农历九月九是重阳节，A项不正确；3月3日"踏春"不是节日，B项不正确；在唐代，重阳节被正式定为民间节日，不是唐代出现的，C项不正确；重阳节和三月三都是全家出游的节日，D项正确。

70.

> 一位老先生在散步，看见一个小孩儿想按一家的门铃，但门铃太高，怎么也按不到。心地善良的老人停下来对孩子说："我来帮你按吧。"于是他帮孩子按响门铃，门内响起了铃声。小孩儿这时却对老先生说："现在咱们快逃！"老先生："……"

A 老先生认识那个孩子

B 孩子按门铃是想回家

C 老先生想帮孩子的忙

D 那个房子是老先生的家

【题解】老先生实际上是被小孩儿骗了，说明老人不认识那个孩子，A项不正确；按完门铃以后，孩子对老人说"现在咱们快逃"，说明那不是孩子的家，B项不正确；老先生看小孩想按门铃，但是按不到，就对孩子说"我来帮你按吧"，说明老人想帮孩子的忙，C项正确；老人帮孩子按门铃，是因为他以为孩子要回家，所以那个房子也不是老先生的家，D项不正确。

第三部分

第71—90题：请选出正确答案。

71—74.

　　“花儿”又叫做“少年”，是流行于青海、甘肃、宁夏等西北地区的一种民间歌曲。这种歌多表达爱情，具有声音嘹亮、节奏明快、激越动听、情感真切、富有乡土气息等特色，(71)早在几百年前就享有盛名。

　　“花儿”流行范围广泛，乐调繁多，流派众多，仅宁夏花儿的乐调就有三十多种。以宁夏为例，有河州花儿和莲花山花儿之分，两支派按地区又分为北乡花儿、南乡花儿、东乡花儿、保安花儿、撒拉花儿等。

　　“花儿”的乐调叫“令”，(72)一般因歌唱时所加衬语的不同而有所区别。常见的令有“白牡丹令”、“河州大令”、“莲花令”、“保安令”、“撒拉令”、“大眼睛令”等百余种。至于唱词则无法计算，大家传唱的基本定型的约有数千首，(73)触景生情、即兴创作的更是不计其数。花儿又分叙事“本子花儿”和抒情“草花儿”两大类，又有叙述整部故事或完整内容的“整花儿”和触景生情即兴创作的“散花儿”之分。

　　每年农历六七月间，(74)西北很多地区都要举行盛大的花儿会，吸引各地的“花儿”爱好者前往。在宁夏，规模较大的花儿会就有近十处。

71. 关于“花儿”，下面说法正确的是：

A 有很长的历史

B 多由少年演唱

C 在南方广为流传

D 是歌唱花朵的歌曲

【题解】由文章可以知道，花儿已经有至少几百年的历史了，可以说历史很长。BD文章中没有提到。C错在“花儿”流行的地区是西北地区，不是南方。

72. “花儿”的乐调：

A 共有三十多种

B 以宁夏为代表

C 与衬语的不同有关

D 根据地区不同而有区别

【题解】花儿的乐调与演唱时候的衬语有关，因此C为正确答案。A、B、D都只是跟宁夏花儿有关，因此不正确。

73. “花儿”的唱词：

A 有一百多种　**B 比较自由**

C 分三大类　D 没有任何规范

【题解】由文章可知道，花儿的唱词并不是都固定的，即兴演唱的很多，因此可以知道花儿的唱词较自由。

74. 下面有关花儿会的说法，正确的是：

A 每年举行两次　B 大约有十几处

C 规模往往较大　D 主要在宁夏举行

【题解】由“盛大”一词可以知道花儿会

规模往往较大。

75—78.

有人问哲学家:"你每天都在思考,但你的思想看不见、摸不着,(75)你能让我们感受到你思想的重量吗?"

于是,哲学家做了一个实验:他让自己平躺在一个大天平上,让人不可思议的是,当哲学家思考时,(76)天平竟向他的脑部那端倾斜。

哲学家说:"当一个人思考时,智慧、快乐、成功以及真理都会向着他走来。"

那人觉得无法解释这种现象,便去请教一位科学家。

科学家是这样向他解释的:(77)当一个人在思考问题时,脑子需要更多的血液供应,从而增加了脑部的重量,天平自然也就向大脑那端倾斜。

思想有重量吗?那人在哲学家与科学家的解释间反复地权衡、比较后,终于找到了答案:无疑,科学家的解释是正确的,是有科学依据的,(78)但哲学家的解释又何尝不是一种让人振奋的答案呢?

75. 哲学家做实验的目的是:

A 证明自己的聪明

B 说明思想有重量

C 知道大脑的重量

D 说服别人去思考问题

【题解】从哲学家和提问题的人之间的对话可以知道,哲学家是要向提问者证明思想是有重量的,因此 B 是正确答案。

76. 在实验中,当哲学家思考的时候:

A 他感到很快乐

B 没有任何变化

C 他的脑部倾斜了

D 天平失去了平衡

【题解】天平向哲学家脑部这边倾斜,也就是说天平失去平衡了。

77. 科学家认为:

A 思考没有重量

B 思考能增加体重

C 思考会促进血液流动

D 脑部重量增大有助于思考

【题解】从科学家的解释可以知道,他认为思考时更多的血液会流进大脑,也就是说会促进血液的流动。

78. 和科学家的解释相比,哲学家的答案:

A 更加科学　B 更加客观

C 更加正确　**D 更鼓舞人**

【题解】"令人振奋"和 D 选项意思相近。

79—82.

一位教育家跟随一个教育考察团到一个乡村访问，在那个美丽的地方，(79)人与人之间的相互尊重给他留下了深刻的印象。

一天，他们找不到要去的地方，正着急的时候，一个当地的男孩儿主动上前询问他们是否需要帮助。(80)了解情况后，男孩儿非常热情地为他们指路。那地方果然不好找，反复听了几遍，他们方才明白。他们正要按照男孩儿的指点出发，却发现刚才一直站在旁边的一位老人走过来，叫住了他们，(81)老人告诉了他们正确的路线。大家感到很奇怪。这位老人微笑着解释说：(82)"我听到孩子告诉你们的路线错了，但为了尊重他的好意，我现在等他走了再告诉你们正确的路线。"

尊重别人的好意吧，哪怕他有无心之过，我们也该心怀感激。

79. 给这位教育家印象最深的是：

A 乡村美丽的风景

B 人们的热情好客

C 当地人们的关系

D 人们对他的尊重

【题解】当地人互相尊重给这位教育家留下了很深的印象，因此C是正确答案。其他三项与文章内容不符。

80. 这个男孩儿：

A 给他们带路　　**B 礼貌又耐心**

C 很替他们着急　D 听不懂他们的话

【题解】从男孩儿为他们指路的细节来看，这位男孩既礼貌又耐心，B是正确答案。

81. 老人走过来是想：

A 为他们带路

B 阻止他们出发

C 知道正确的路线

D 纠正男孩儿的错误

【题解】老人认为男孩儿所指的路线错了，想告诉他们正确的路线，也就是说纠正男孩儿的错误。正确答案是D。

82. 从老人的解释可以知道：

A 他很为别人着想

B 他原本不知道路线

C 他和男孩儿是一家人

D 他批评了男孩儿的做法

【题解】从老人的话可以知道，为了避免男孩尴尬，他特意等男孩儿走了后才过来告诉他们正确的路线，因此可以知道老人很会替别人着想。

83—86.

李成非常喜欢运动。有一次，一个朋友送给他两只狗。(83)他迫不及待地带着那两只狗去野外捕捉野兔。他想："好狗都是会追野兔的。"来到一片荒地上，李成看到不远处有一些野兔跑过，他立马就把狗放开，想看看两只狗有什么样的表现。让他意外的是，(84)这两只狗躺在地上，很快就呼呼大睡了。李成简直不敢相信自己的眼睛，不过他又想："也许它们刚刚经过了长途跋涉，累坏了吧。明天再试试看。"

第二天，李成把狗带到一块有鹿群出没的荒地上，鹿群当中有一只漂亮的公鹿。他又放出了那两只狗，李成激动地期待着，而两只狗却丝毫不为所动，它们打着呵欠，躺了下来，很快又睡着了。(85)李成暴跳如雷。

几天后，李成的朋友来看他。朋友问："我送给你的那两只狗还行吧？"李成就向他说了两次打猎的经过。(86)朋友摇着头说："你让它们俩看野兔和鹿，它们能不睡觉吗？如果你让它们看狮子和老虎，就会发现它们有多么勇猛了。"

83. 根据短文，李成认为：

A 猎狗喜欢吃兔子

B 猎狗会帮他捉兔子

C 猎狗就是用来追兔子的

D 猎狗喜欢在荒地上运动

【题解】从李成的想法和做法来看，他认为狗会帮他捉兔子，所以他带狗去了野外。因此B是正确答案。

84. 猎狗看到野兔之后：

A 马上去追赶　　B 感到很意外

C 很想表现一下　　**D 没有任何兴趣**

【题解】从两只狗的表现来看，它们对兔子没有任何兴趣。

85. 对于第二天两只狗的表现，李成：

A 很生气　　B 很吃惊

C 不在乎　　D 很失望

【题解】成语"暴跳如雷"就是很生气的意思。

86. 朋友认为：

A 猎狗不擅长追赶野兔

B 猎狗需要充分的休息

C 李成没有打猎的经验

D 李成没有正确利用猎狗

【题解】从朋友的话可以知道，朋友认为李成不应该带狗去捉兔子，而是应该去捕捉更凶猛的动物，也就是说他认为李成没有正确地使用两只狗。因此D是正确答案。

87—90.

三个人外出旅行，同时住进一家旅店。早上出门时，第一个人带了一把伞，第二个人拿了一根拐杖，第三个人什么也没有拿。

晚上归来，拿伞的人淋得浑身是水；拿拐杖的人跌得浑身是伤；(87)而第三个人却安然无恙。于是，前面两个人很纳闷，问第三个人："你怎么会没有事呢？"

第三个人没有直接回答，而是问拿伞的人："你为什么会淋湿而没有摔伤呢？"

(88)拿伞的人说："当大雨来到的时候我因为有伞，就大胆地在雨中走，却不知怎么淋湿了；当我走在泥泞的路上时，我因为没有拐杖，所以走得非常小心，专拣平坦的地方走，所以没有摔伤。"

接着，第三个人又问拿拐杖的人："你为什么没有淋湿而摔伤了呢？"

拿拐杖的人说："当大雨来临时，我因为没有带雨伞，便拣能躲雨的地方走，所以没有淋湿；当我走在泥泞坎坷的路上时，我拄着拐杖走，却不知为什么常常摔跤。"

第三个人听后笑笑说：(89)"大雨来时我躲着走，路不好走时我小心地走，所以我既没有淋湿也没有跌伤。你们的失误就在于你们有凭借的优势，有了优势便少了一份小心。"

(90)许多时候，我们不是跌倒在自己的不足上，而是跌倒在自己的优势上。因为不足常常给我们以提醒，而优势却常常使我们忘乎所以。

87. 文中第二段画波浪线词语"安然无恙"的意思是：

A 摔伤了　　B 被雨淋湿

C 平安无事　　D 生了大病

【题解】从上下文可以知道，"安然无恙"和"没事儿"都是对第三个人的描述，意思一样。

88. 根据短文，第一个人：

A 没有被淋湿

B 路上没有跌倒

C 拄着拐杖走路

D 得到了别人的帮助

【题解】第一个人也就是拿伞的人，从他说的话可以知道，他虽然拿了伞，但是被淋湿了。他因为没有拐杖，走路比较小心，因此没有跌倒。

89. 关于第三个人，下面说法正确的是：

A 善于寻找优势

B 喜欢挑战生活

C 非常认真小心

D 毫不担心劣势

【题解】从第三个人说的话可以知道，他知道自己没有优势，所以非常认真小心，因此C是正确答案。他并没有优势可以依赖，也没有去强行挑战生活，因此A、B、D项都不正确。

90. 本文主要告诉我们：

A 工具的重要性

B 失败是成功之母

C 不要被优势迷惑了头脑

D 生活离不开别人的提醒

【题解】从最后一段可以知道，文章是要警告我们，不要因为自己有优势就失去了应有的小心，因此C是正确答案。